I0511425

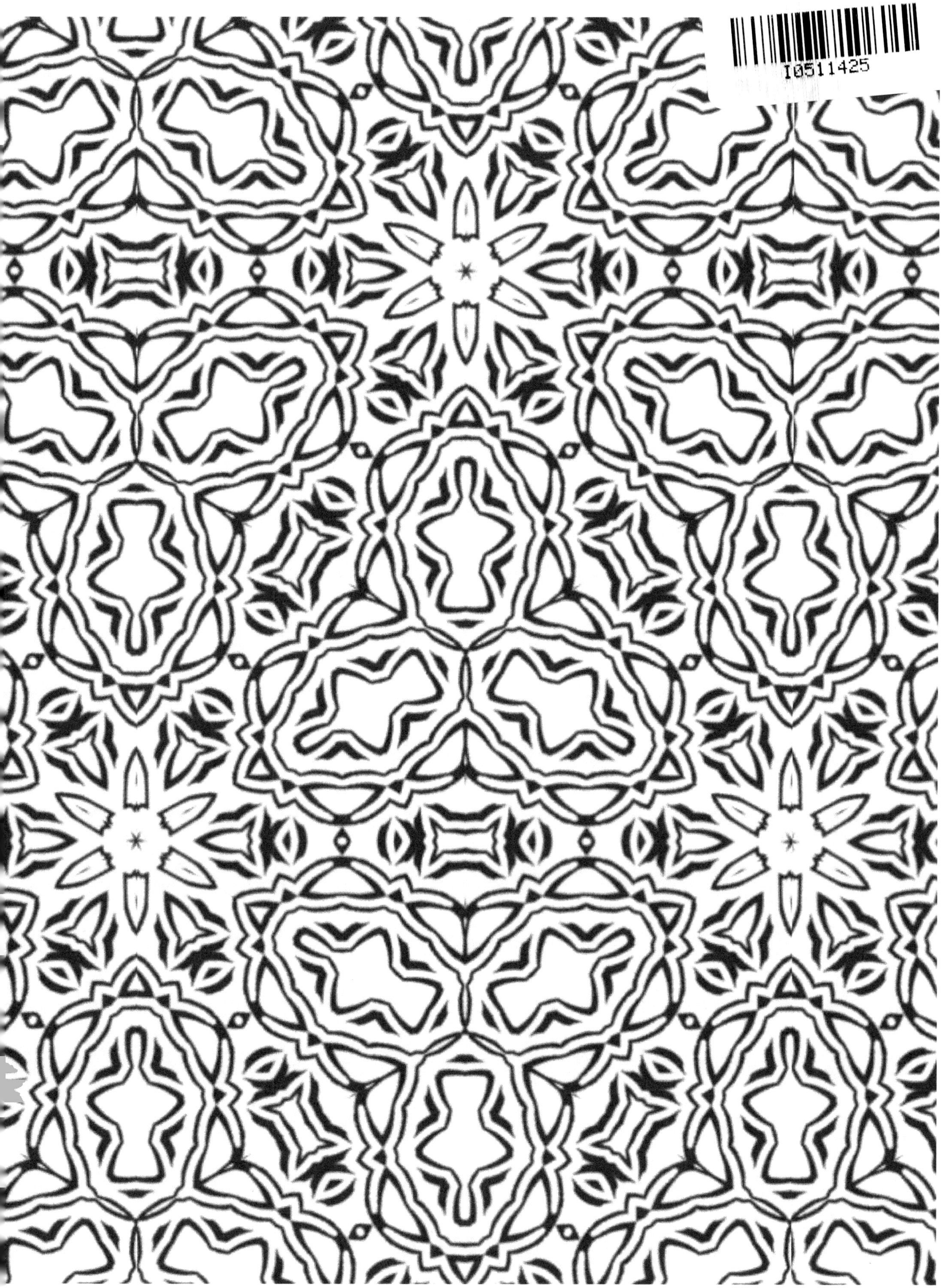

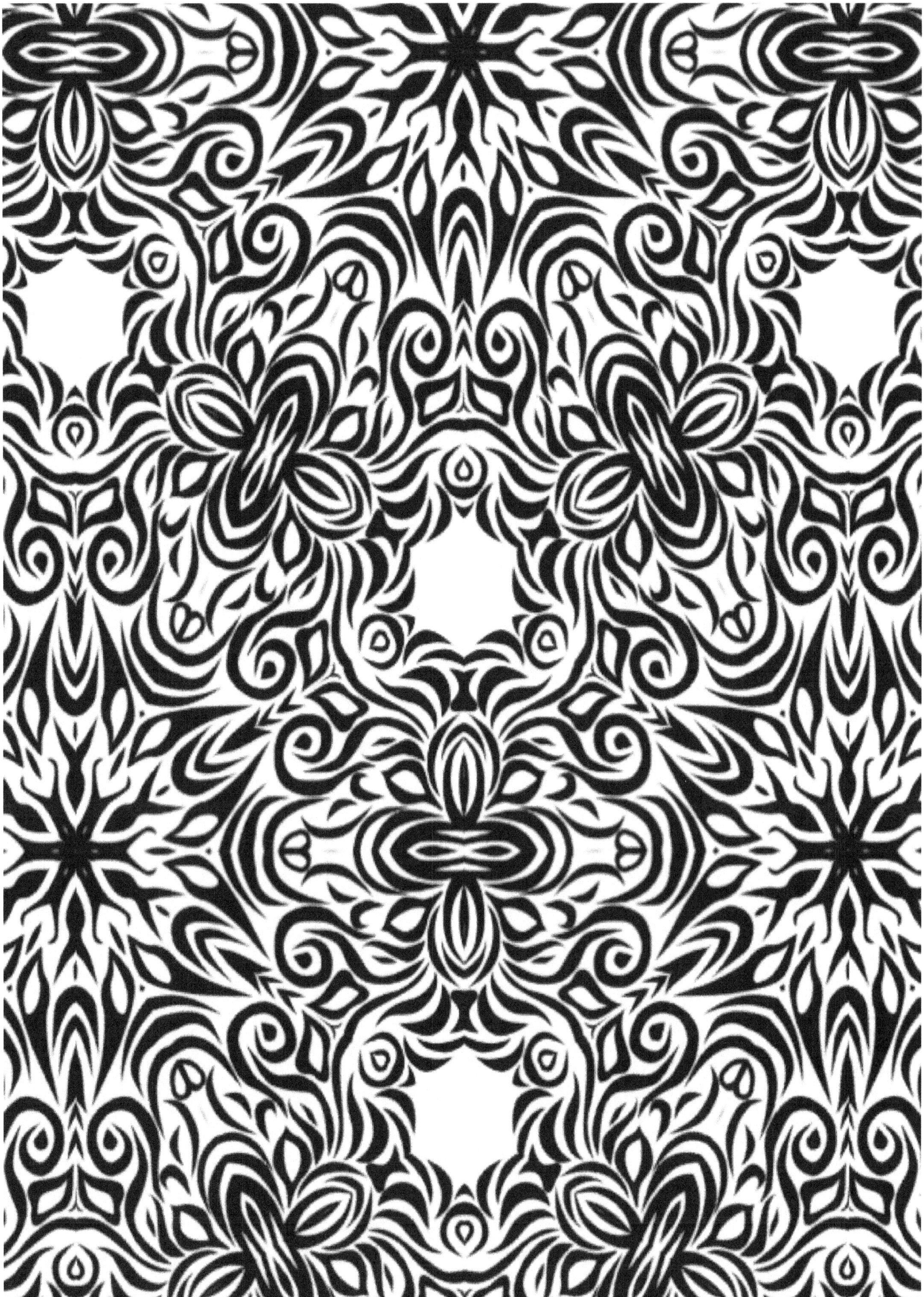

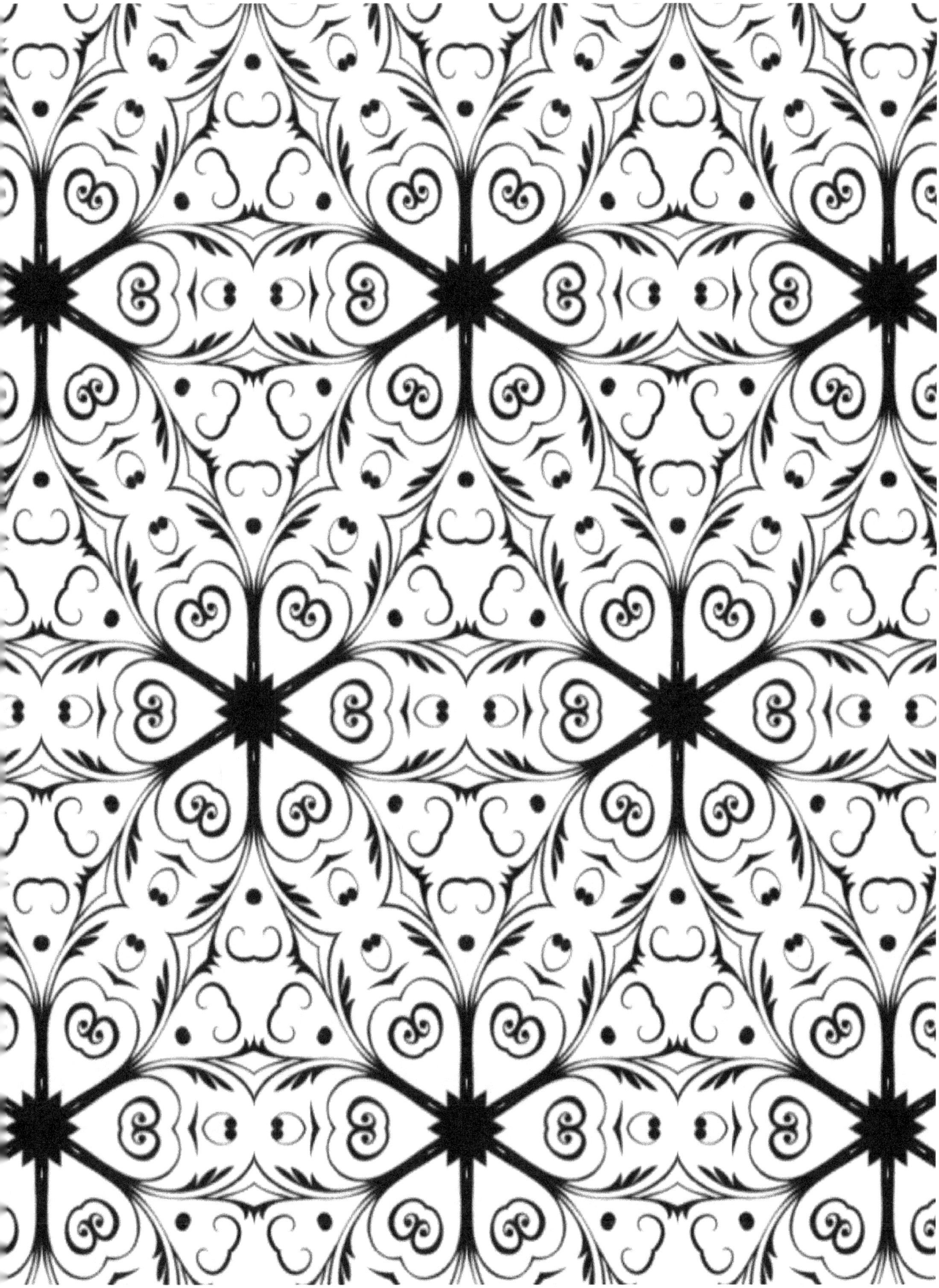

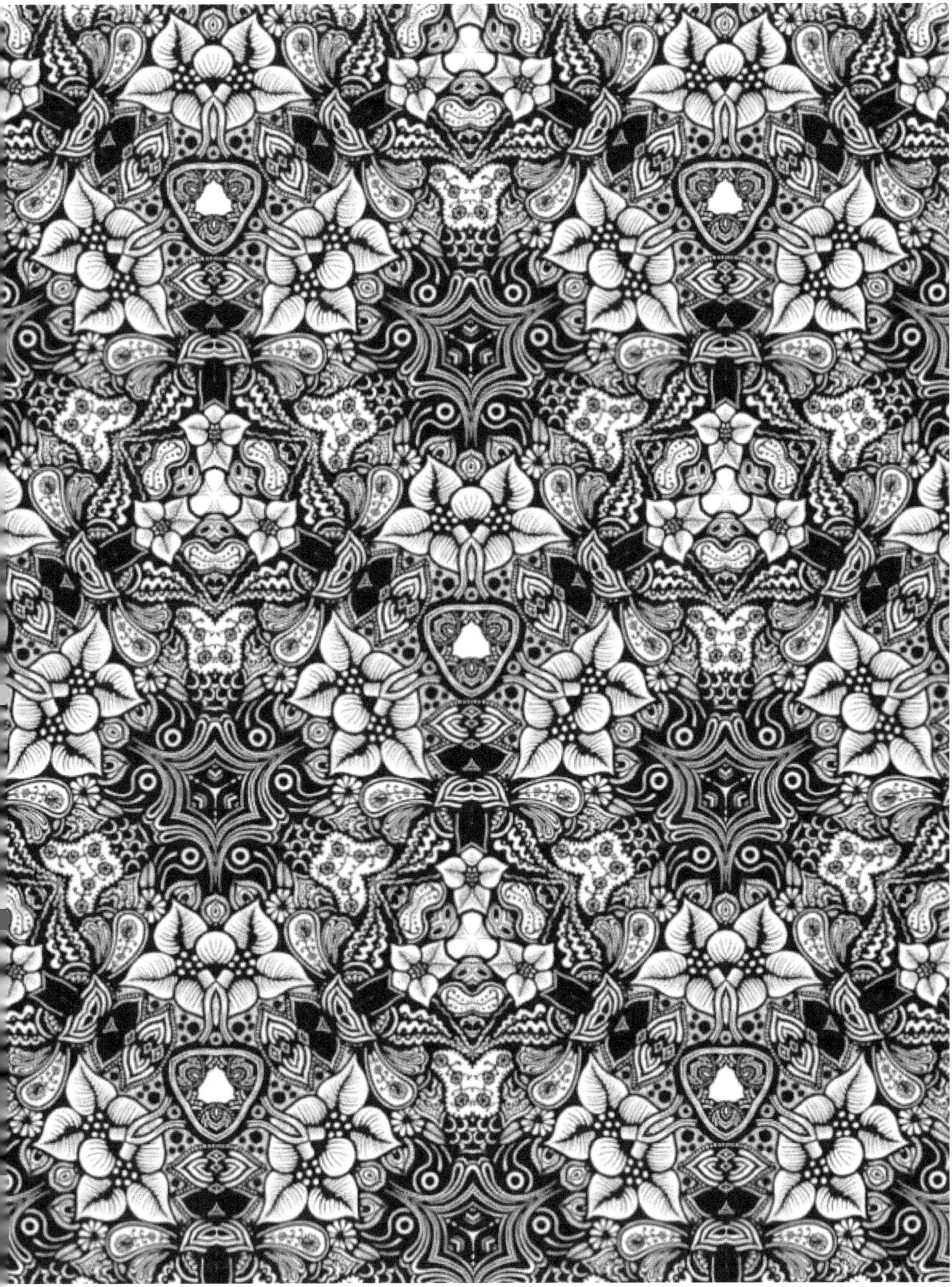

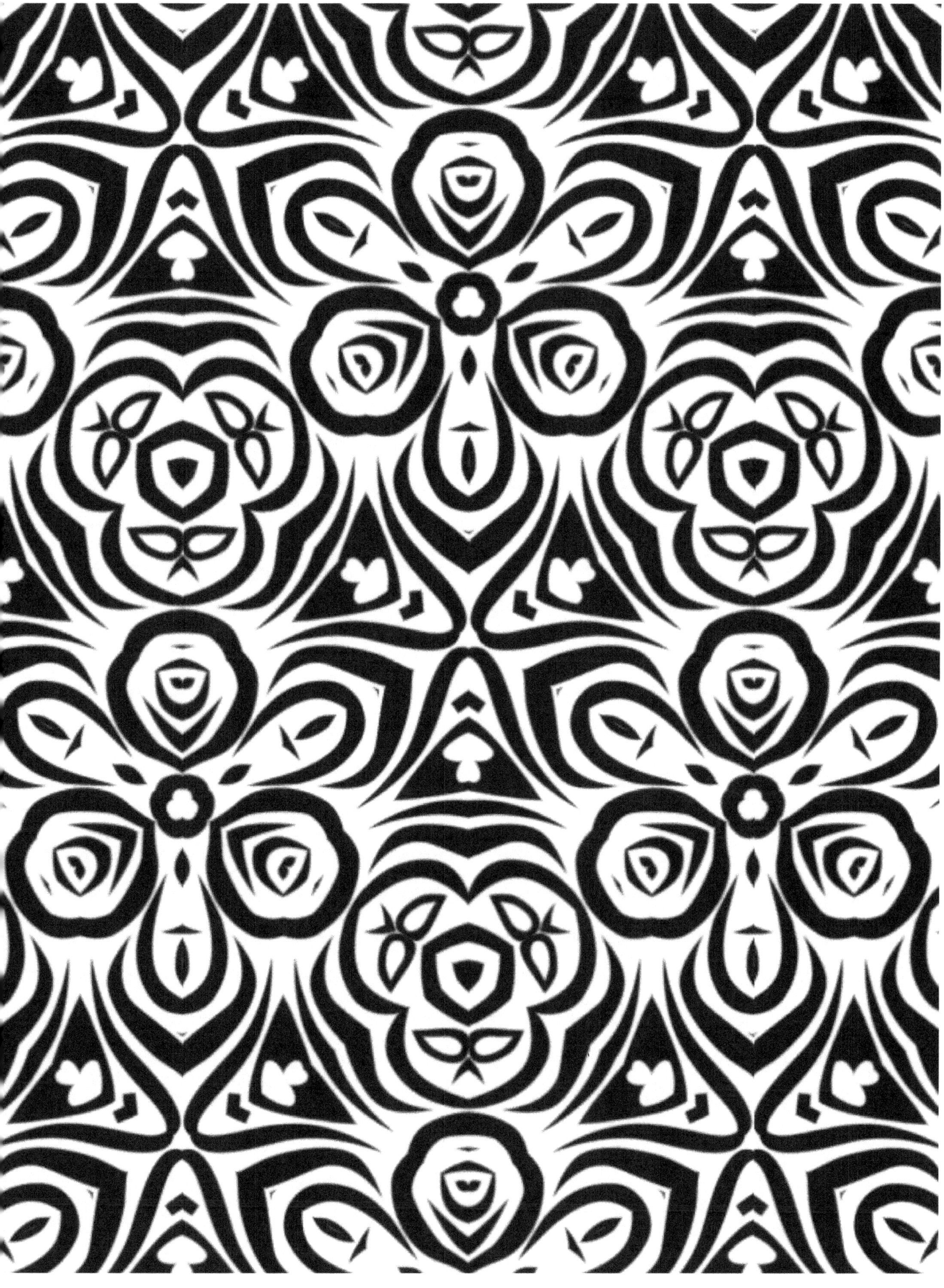

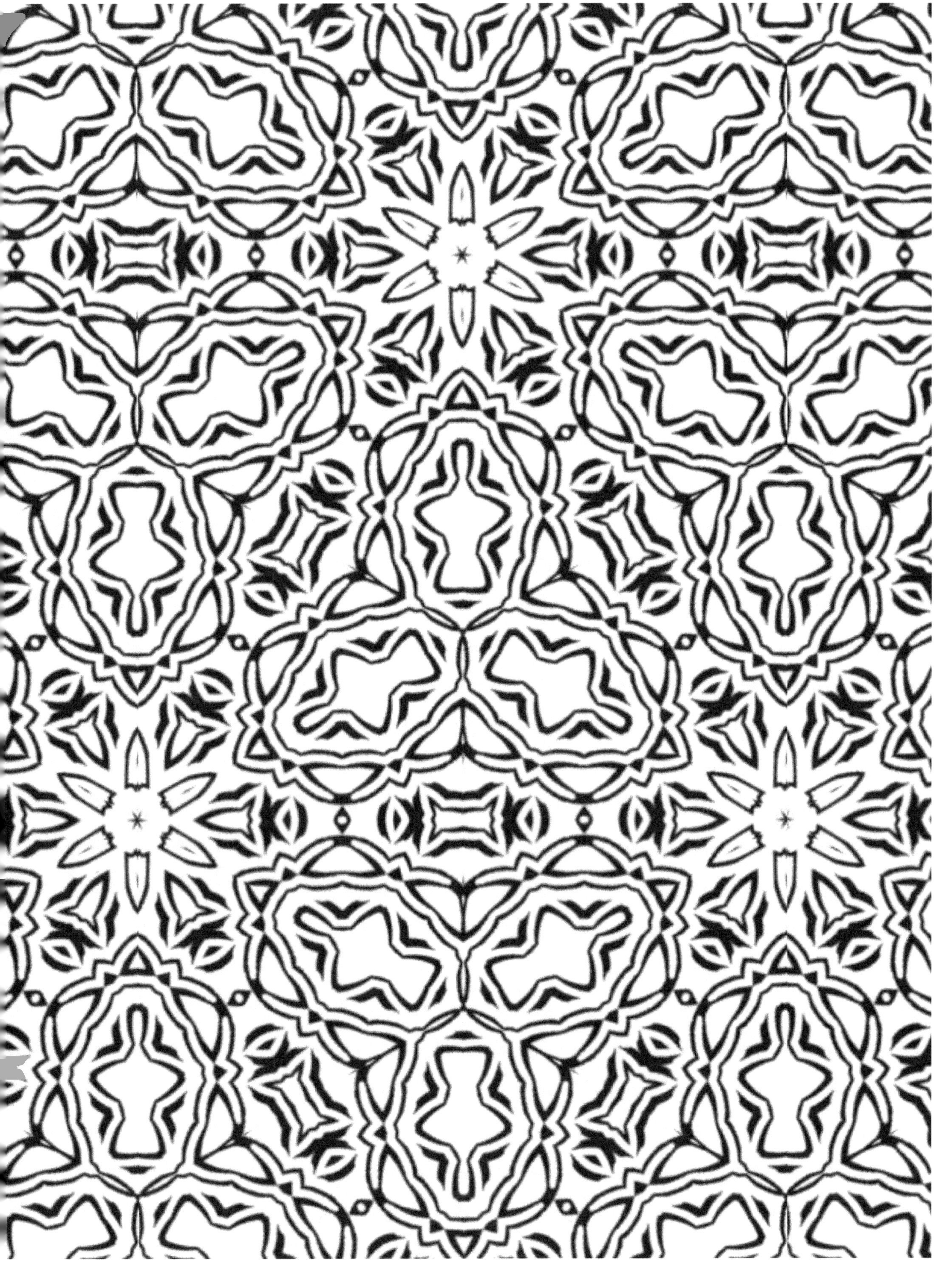

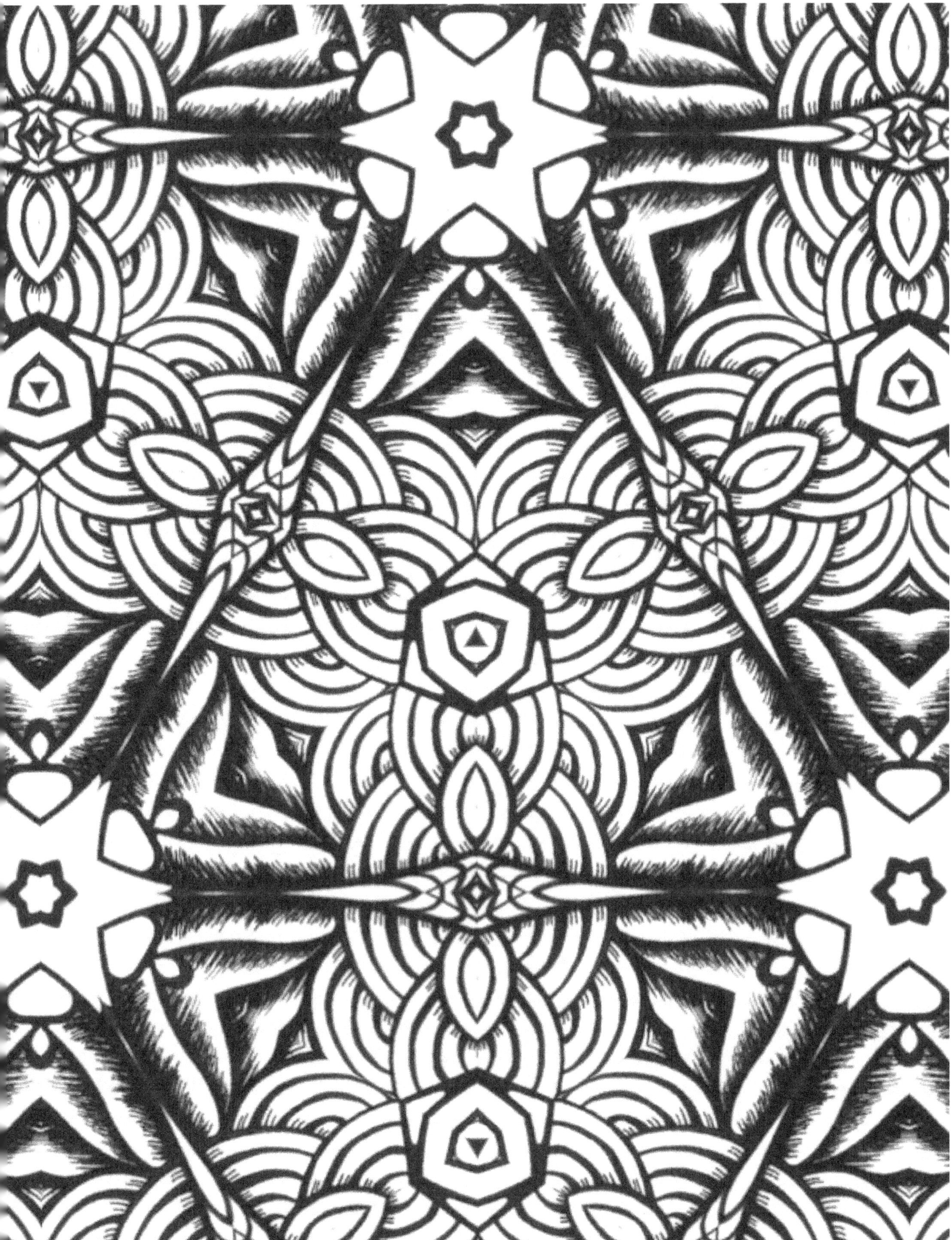

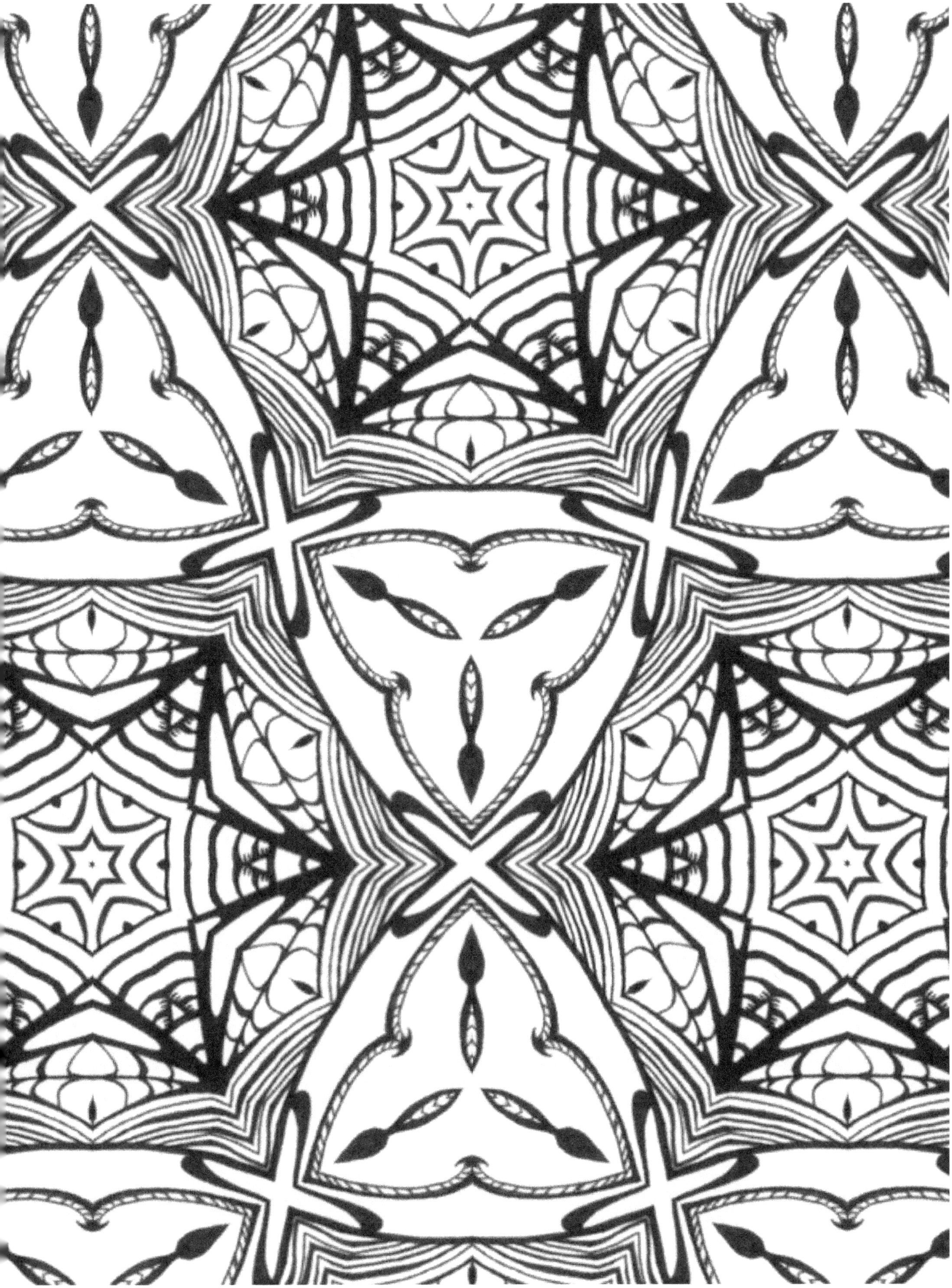

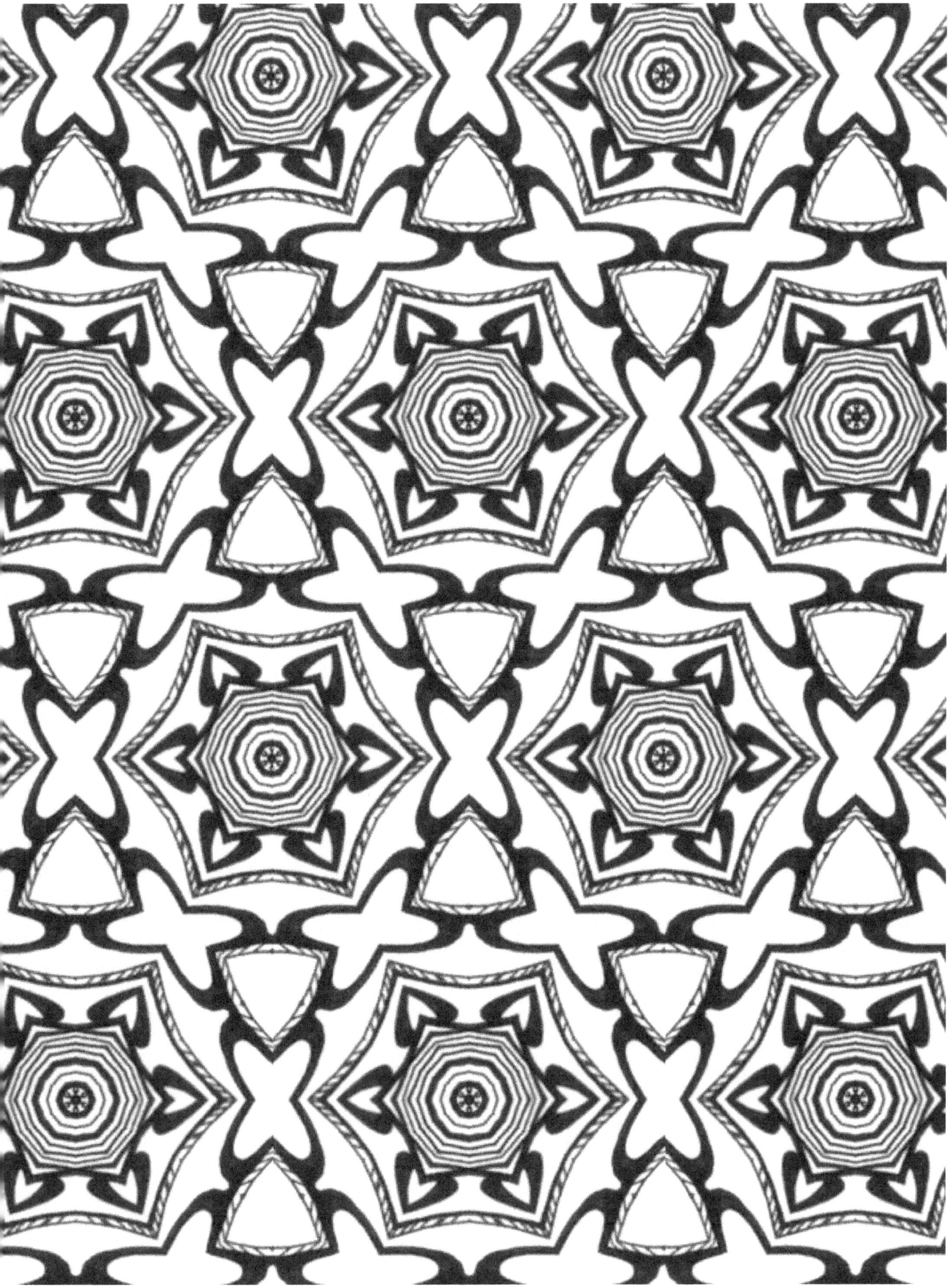

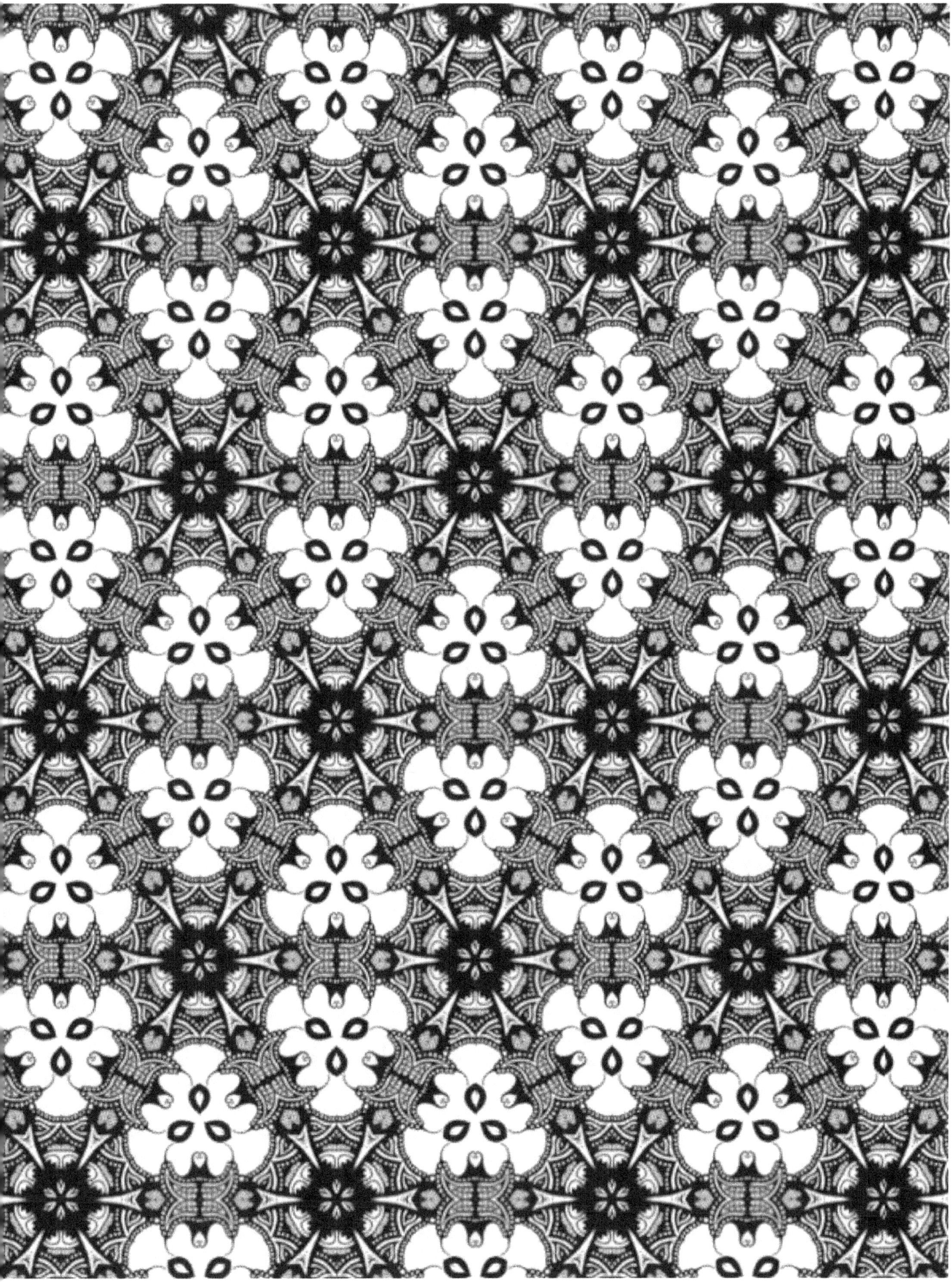

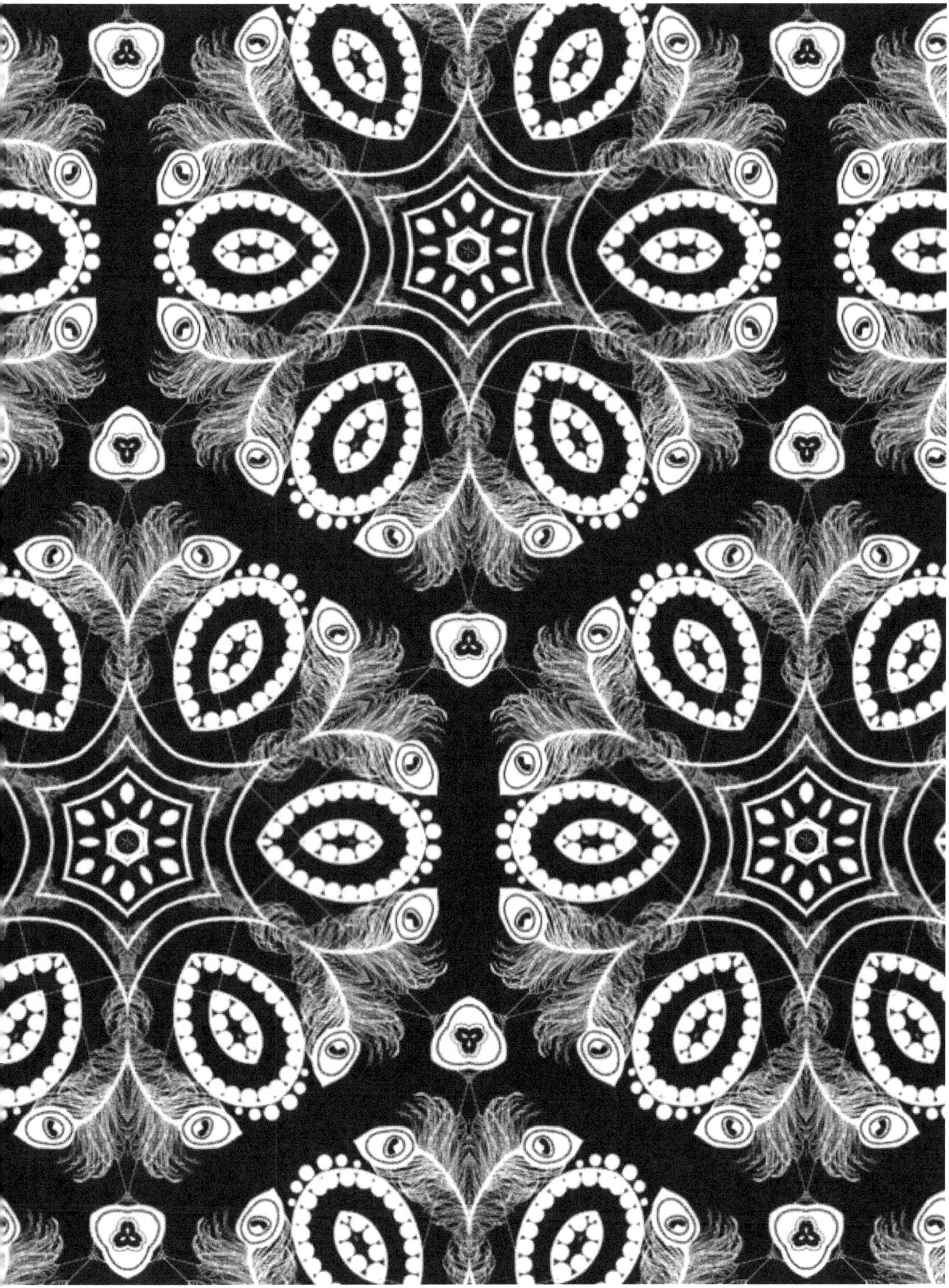

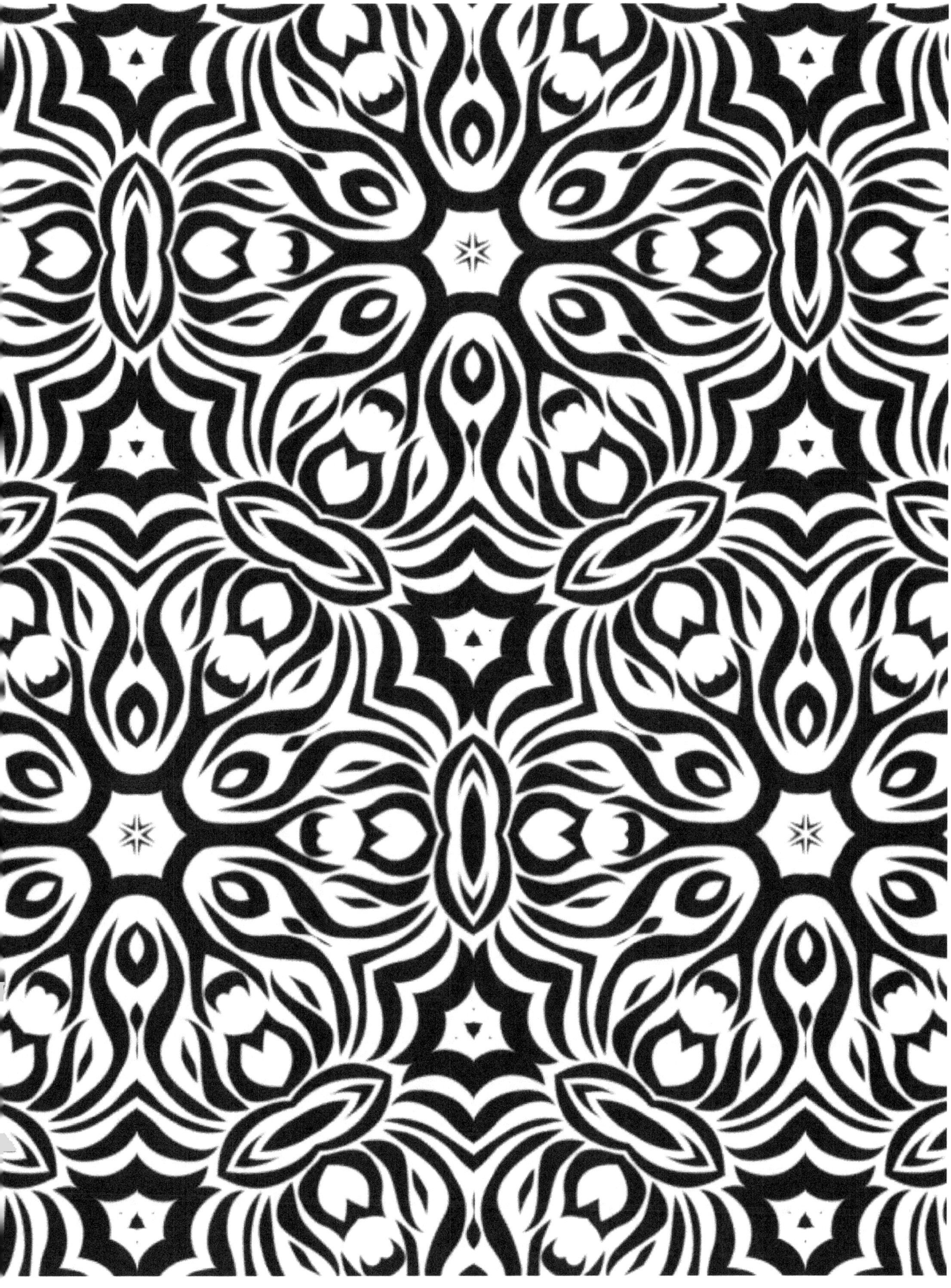

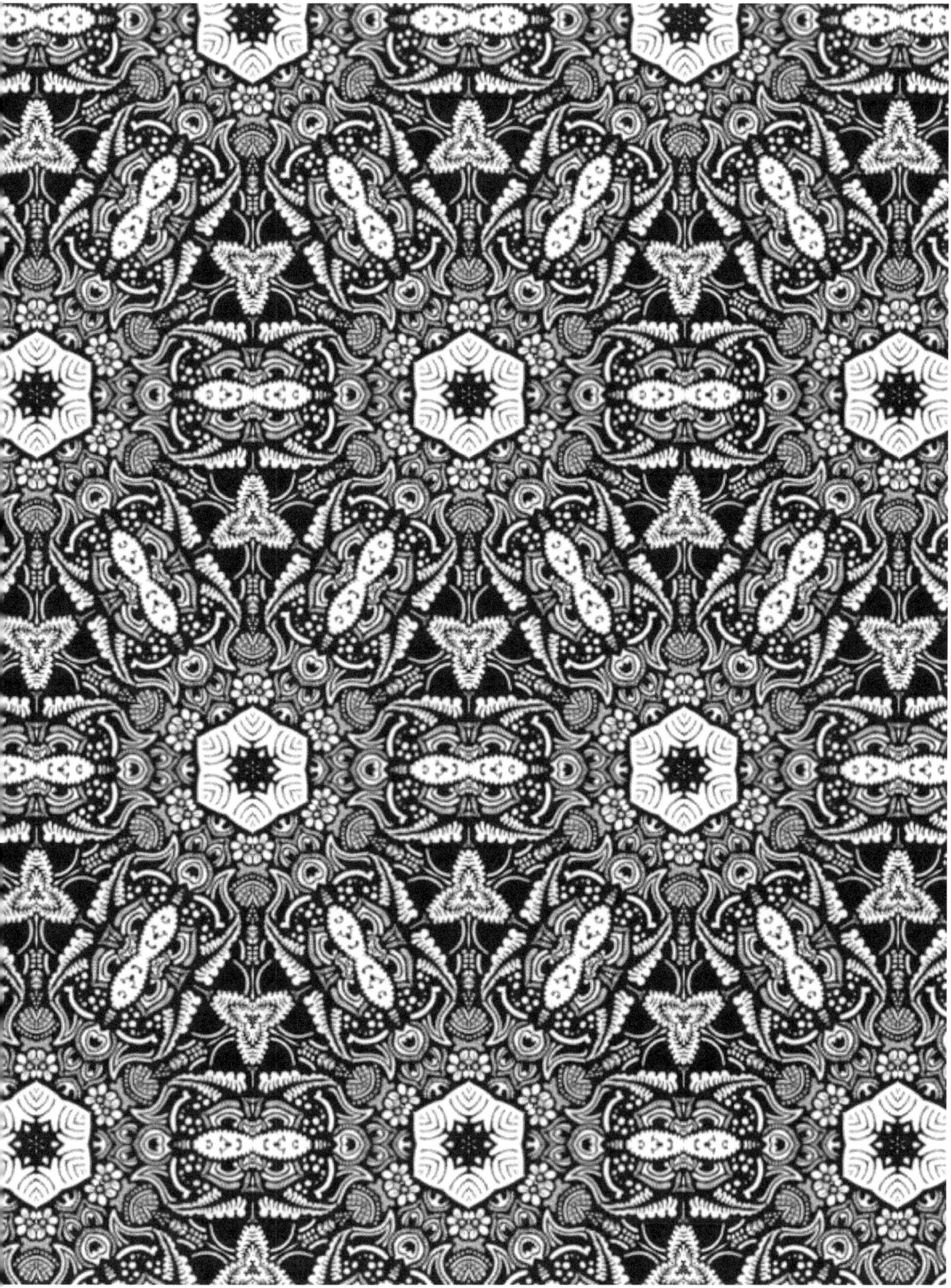

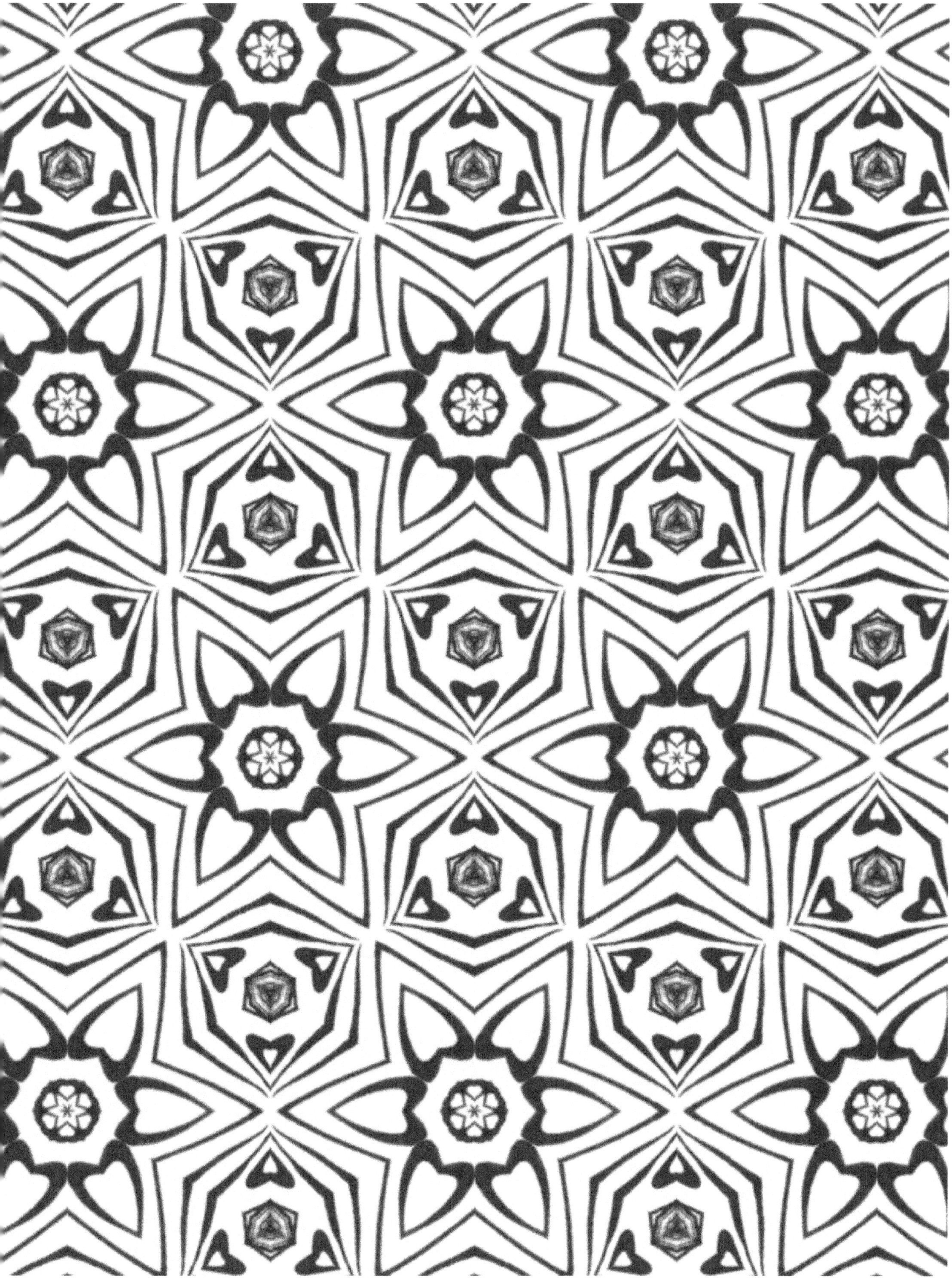

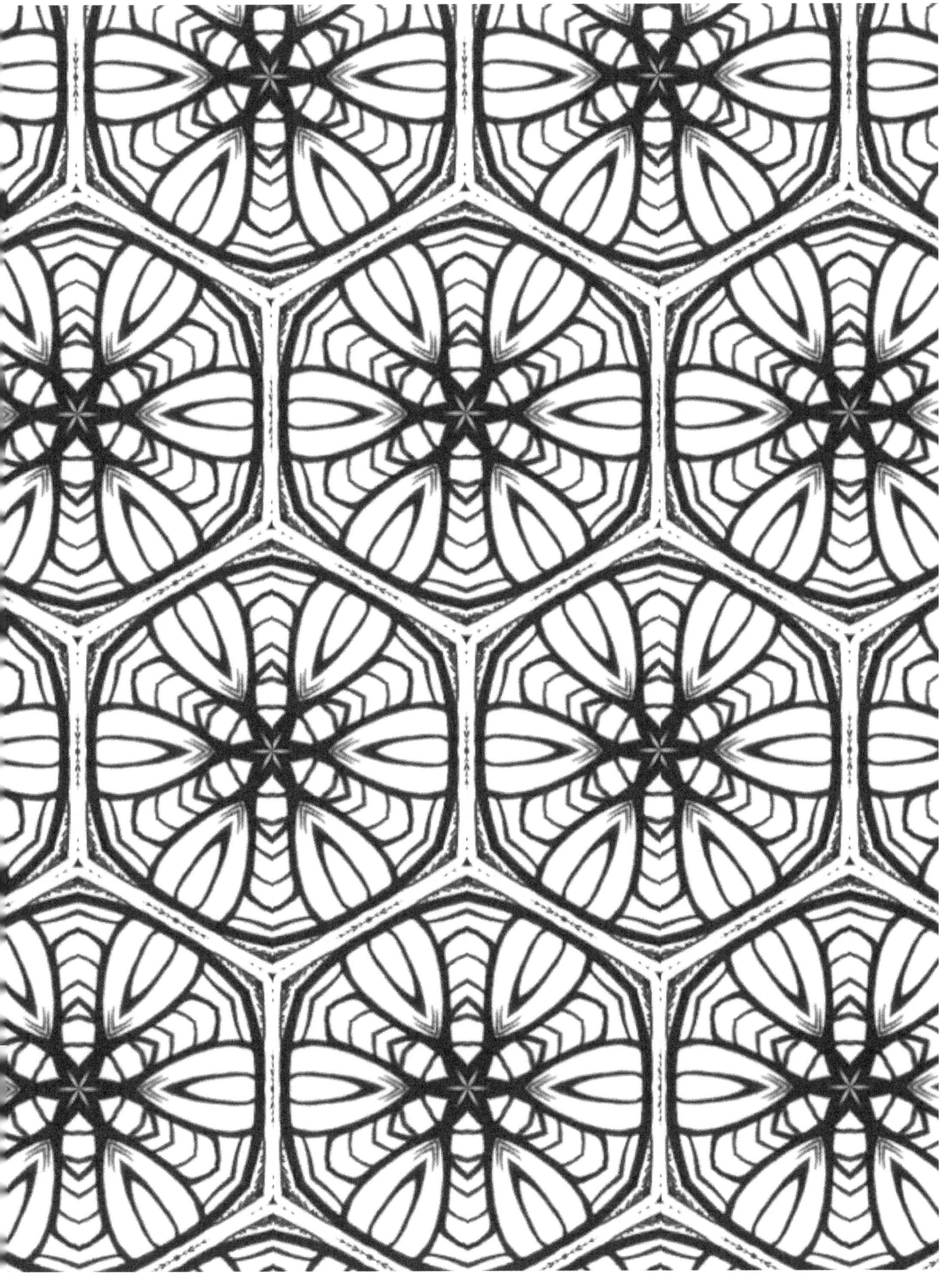

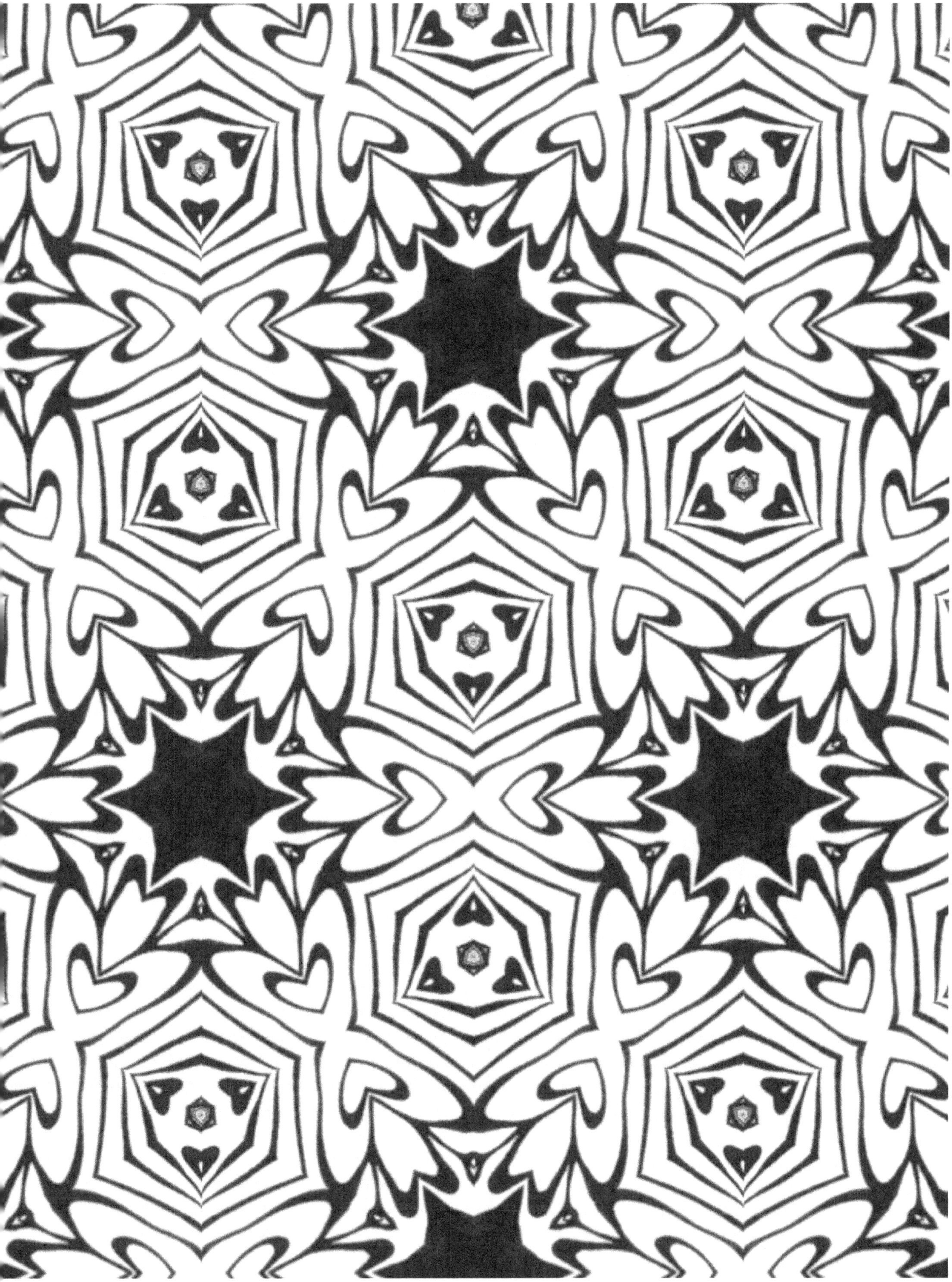

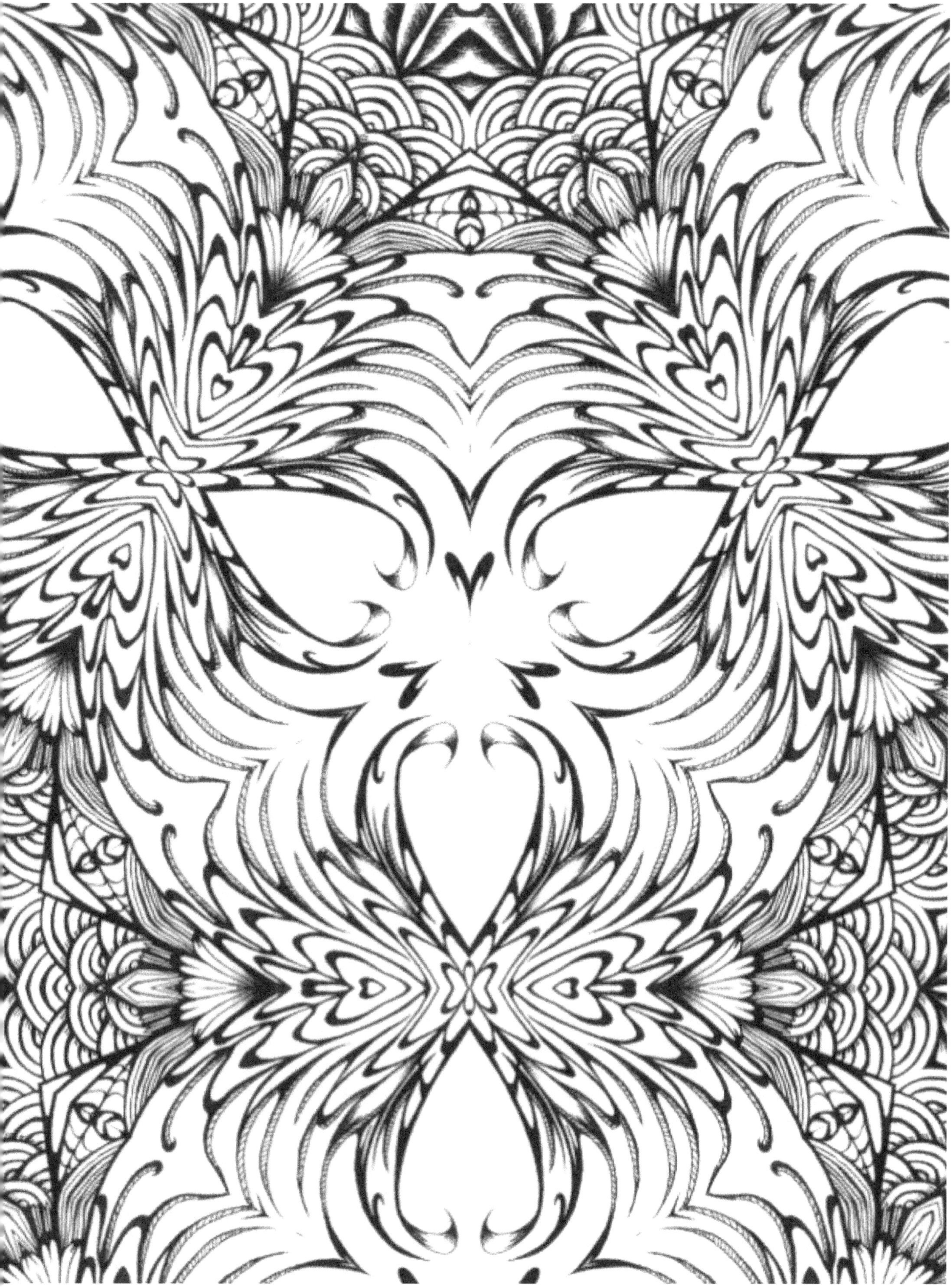

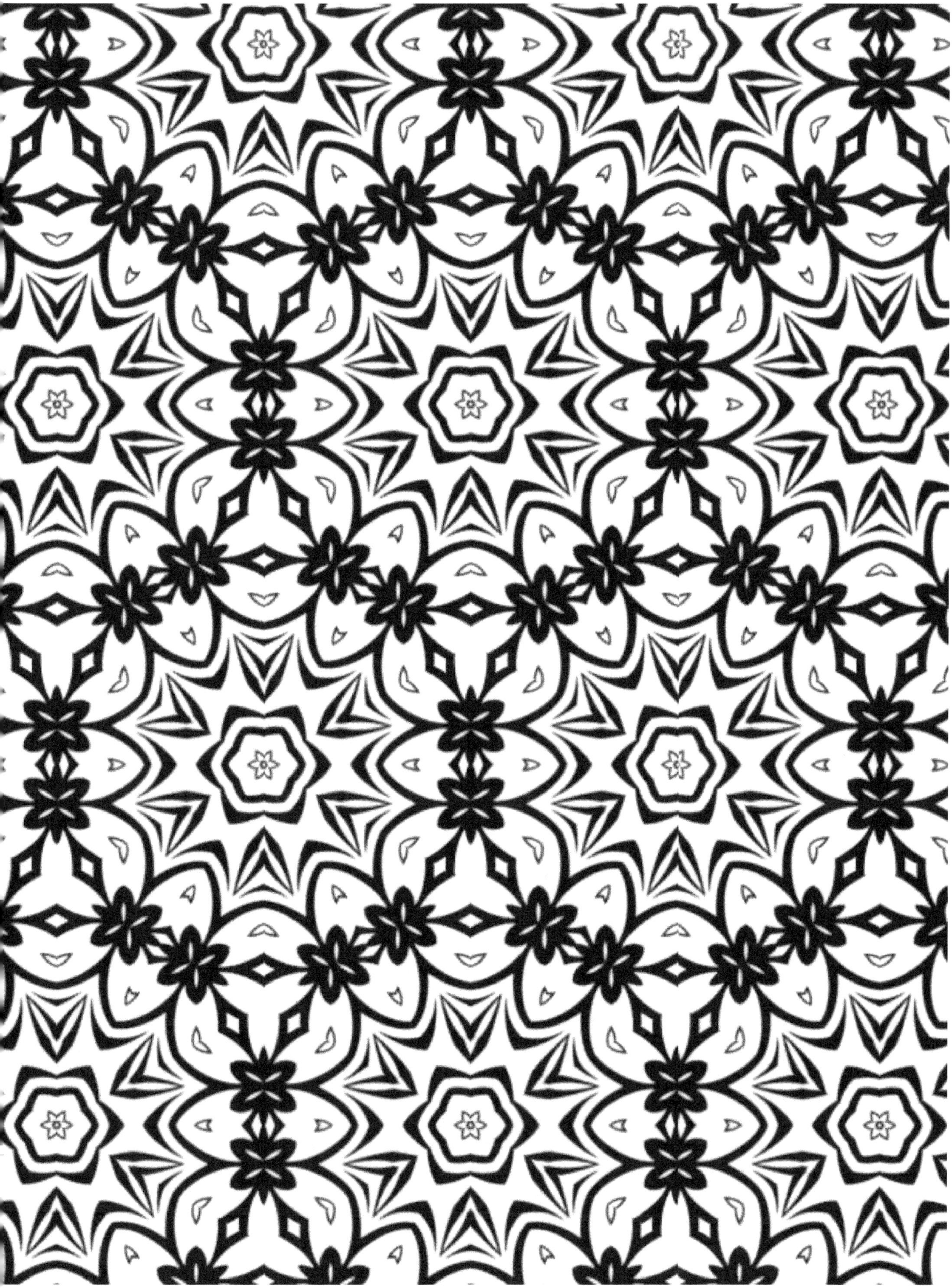

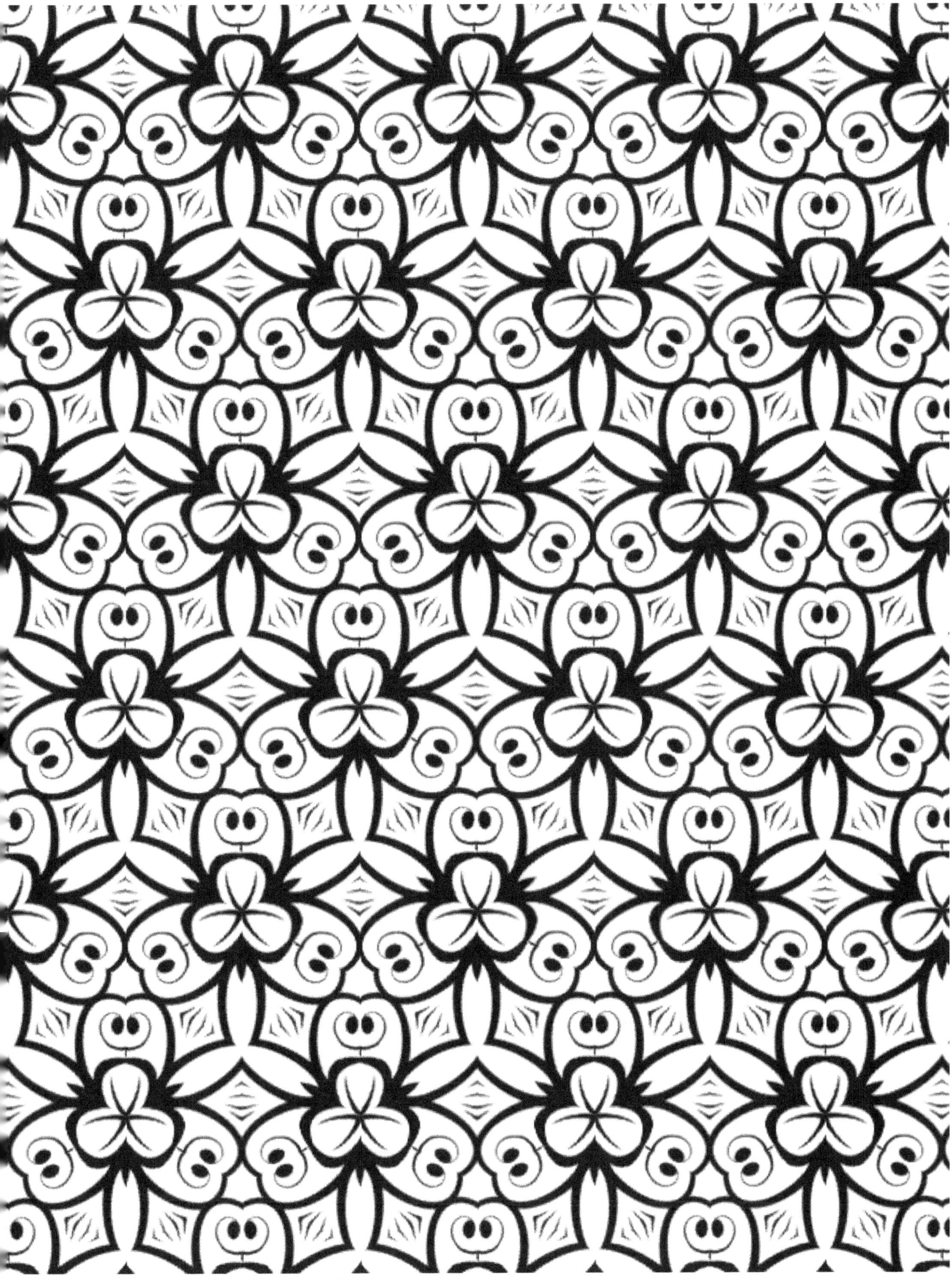

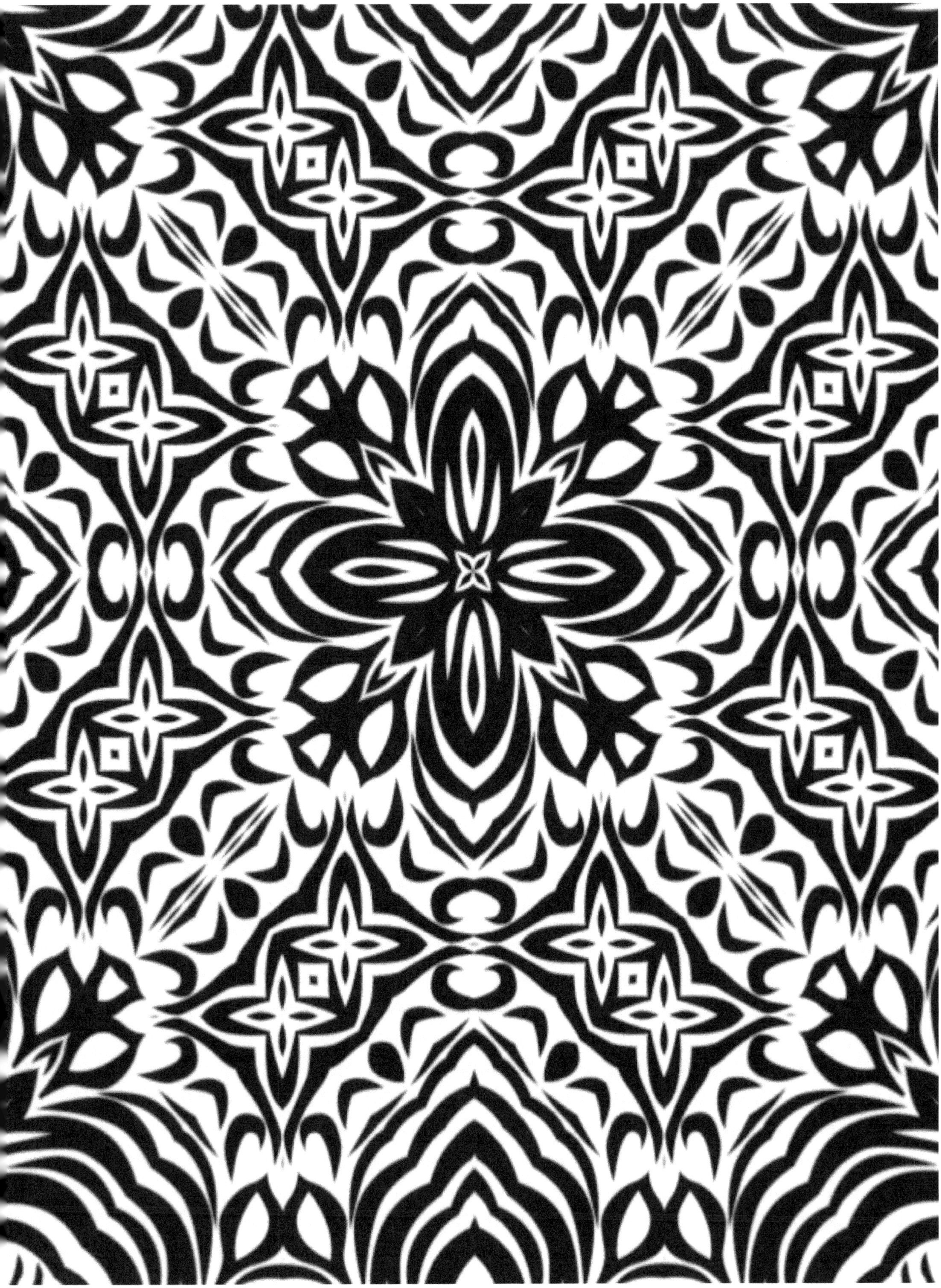

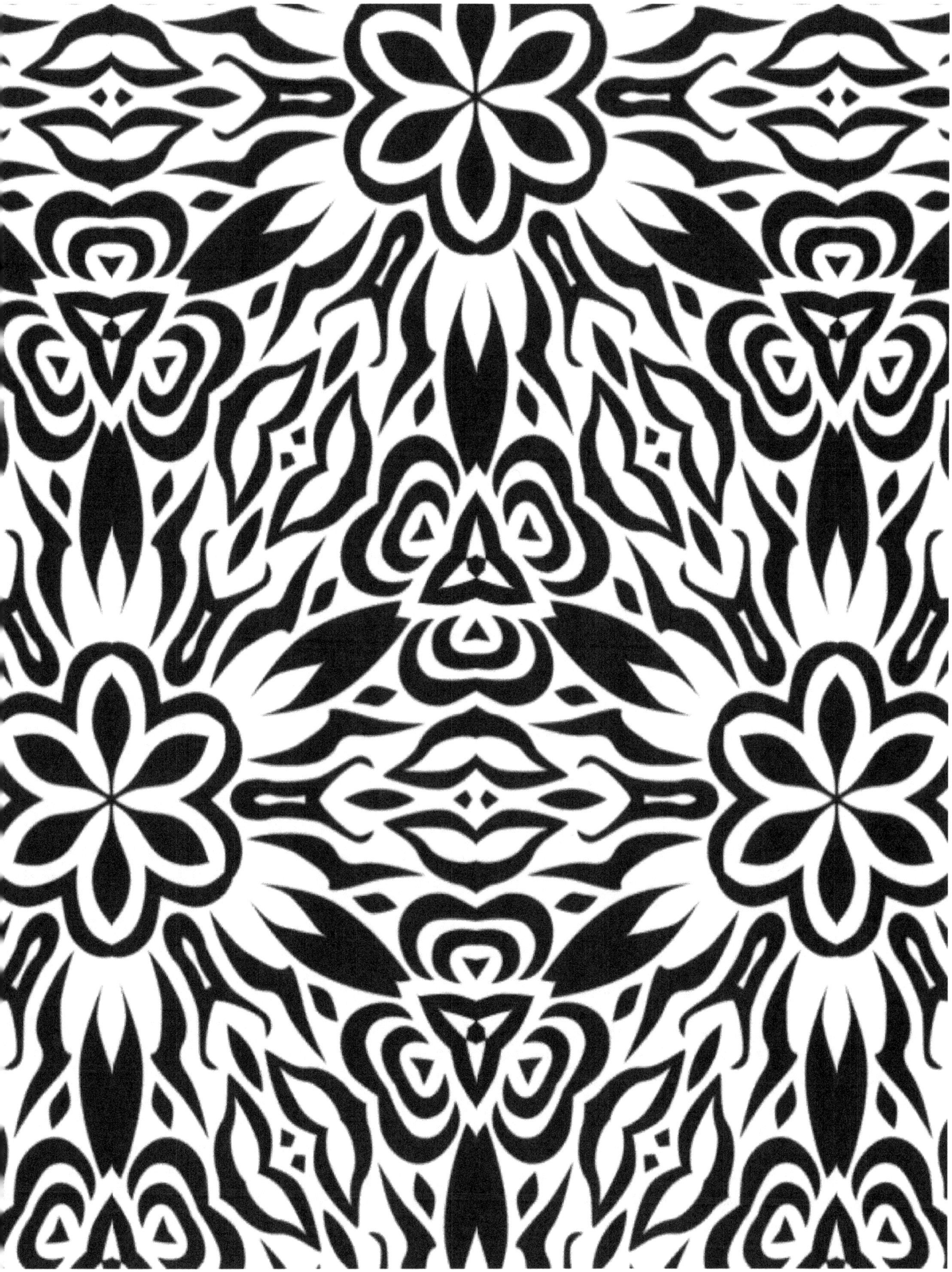

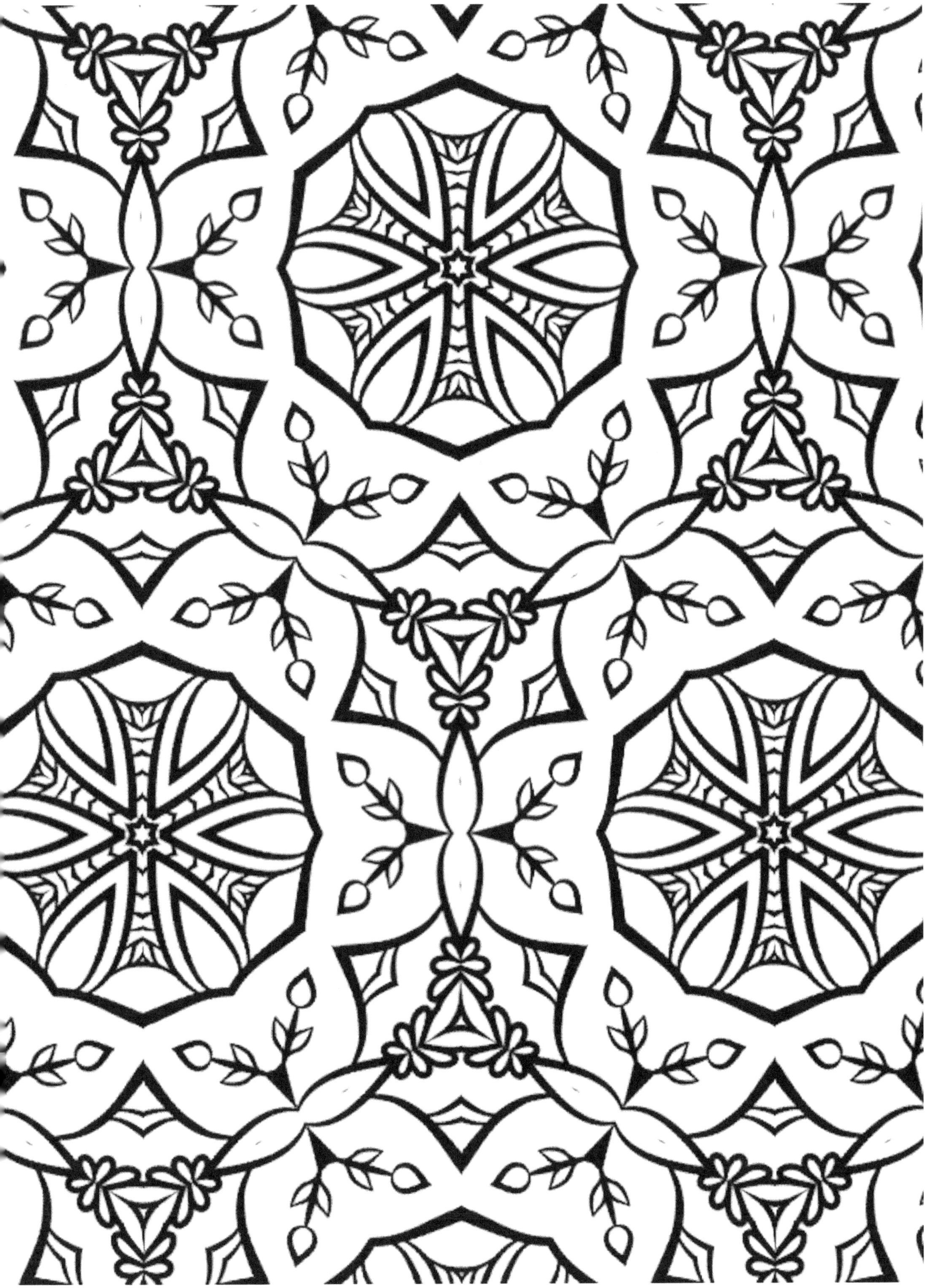

www.ingramcontent.com/pod-product-compliance
Lightning Source LLC
Chambersburg PA
CBHW081549240526
45470CB00024B/2914
* 9 7 8 1 9 7 7 6 8 2 5 0 5 *